LETTRE

ADRESSÉE

A MONSEIGNEUR L'ARCHEVÊQUE DE PARIS,

PAR

L'ABBÉ COMBALOT,

MISSIONNAIRE APOSTOLIQUE,

SUR

L'INTERVENTION DU CLERGÉ DANS LES AFFAIRES SÉCULIÈRES ET POLITIQUES.

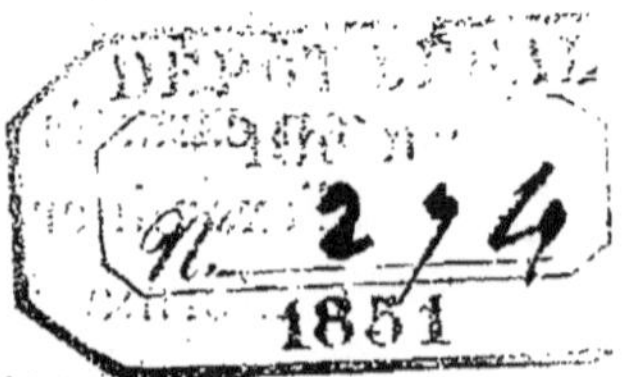

> Sancti de hoc mundo judicabunt...
> Angelos judicabimus, quantò magis
> sæcularia? (I. Cor. ch. 6.)

Lyon, 15 avril 1851.

Monseigneur,

La Lettre pastorale adressée le 29 janvier à votre Clergé, renferme une question de principes et une règle de conduite. La question de principes intéresse l'Eglise et la société. Un Evêque, un Théologien, un Prêtre, peuvent, sans manquer au respect qui est dû

1851

au caractère sacré dont vous êtes revêtu, se permettre d'examiner si la doctrine de cette Lettre pastorale est conforme à l'enseignement de la tradition et de la théologie catholique sur cette matière.

La doctrine de votre Mandement, peut, Monseigneur, se résumer ainsi : « Le Clergé n'a point de mission « politique à remplir sur la terre, d'où cette conclu- « sion pratique : Le Clergé doit demeurer étranger aux « choses de la politique, aux opinions des partis, aux « questions qui agitent le monde social. »

Or, est-il vrai que l'Eglise et le Clergé n'aient reçu de Notre-Seigneur Jésus-Christ aucune mission sur les choses de la politique humaine ? Est-il vrai que le monde politique ait été livré, comme le monde de la science, aux vaines disputes et aux innombrables systèmes qui divisent les enfants des hommes ? Réduite à ces termes, la question fondamentale de la Lettre pastorale de Votre Grandeur est extrêmement facile à résoudre.

Mais avant de prouver que le Clergé a reçu de Notre-Seigneur Jésus-Christ une mission sur les choses de la politique, et qu'il ne doit ni ne peut abandonner les peuples aux passions et aux erreurs qui mettraient le feu au monde social si l'Eglise n'en arrêtait les progrès, je dois signaler un fait qui suffirait seul à établir que la doctrine de votre Mandement n'est pas celle de l'Eglise.

Tous les enfants du désordre, tous les apôtres de l'anarchie, tous les journaux révolutionnaires ont accueilli, avec une joie unanime, les principes renfermés dans votre Lettre pastorale. Ils ont tous applaudi, avec transport, à la règle de conduite que vous traciez à votre Clergé. Les mêmes hommes qui auraient rugi comme des bêtes fauves, si vous eussiez flétri leurs blasphèmes et réprimé leurs criminels efforts pour bouleverser le monde, ont béni le Pontife qui prêchait à ses Prêtres le silence, la neutralité de l'indifférence et une sorte de scepticisme en matière politique.

Les scribes et les pharisiens de l'athéisme en sont venus jusqu'à dire que Mgr l'évêque de Chartres, en se permettant des observations respectueuses sur le Mandement de son métropolitain, *s'était rendu coupable d'une abominable impiété*.

Les blasphèmes de M. Jacques contre tous nos divins mystères, les attaques furibondes de ce disciple de M. Cousin contre le Catéchisme du diocèse de Paris, ont réveillé des sympathies d'enthousiasme dans l'âme de nos législateurs montagnards ; et ce sont eux qui crient au scandale, si Mgr l'évêque de Chartres s'effraye des théories que contient votre Lettre pastorale sur les choses de la politique.

Il y a, Monseigneur, des bénédictions et des louanges plus pesantes que des malédictions. Il y a des sympathies plus à craindre que des anathèmes. Je ne me persuaderai jamais, que les injures et les outrages prodigués à Mgr l'évêque de Chartres puissent inspirer à ce vénérable prélat d'autre sentiment que celui d'une pitié douloureuse pour de pareils accusateurs et pour de semblables panégyristes.

Venons maintenant à l'examen de la proposition que j'espère rendre évidente, savoir : Que le Clergé catholique a reçu de Notre-Seigneur Jésus-Christ le pouvoir *d'intervenir* dans les affaires séculières, dans les choses de la politique, et qu'il ne peut, ni ne doit demeurer étranger aux erreurs, aux systèmes et aux passions qui divisent et qui troublent le monde social et politique.

La politique, comme l'a dit excellemment l'illustre de Bonald, *est la morale des Etats*. Cette pensée, aussi juste que profonde, est de toute évidence, à moins qu'on ne prouve qu'il peut exister une politique sans morale. Une politique sans morale serait la politique des tigres dans les forêts. Un Etat sans moralité politique serait une association de brigands. Mais quels sont les principes de morale qui doivent présider aux actes de la politique dans les Etats modernes? Ces principes dérivent nécessairement des lois qui régissent la conscience des individus vivant en société. Or, les sociétés chrétiennes n'ont point, ne peuvent point avoir d'autres principes régulateurs des déterminations de la conscience et des actes humains, que la loi évangélique perpétuellement et universellement enseignée depuis dix-huit siècles.

Jésus-Christ a proclamé la loi parfaite de l'amour de Dieu et de l'amour du prochain, et sa grâce déposée dans les Sacrements laissés en héritage à l'univers, a permis à l'homme déchu d'élever sur les ruines de son égoïsme l'édifice des plus sublimes vertus. Mais la loi de l'Evangile ne s'interprète pas elle-même. Elle ne fut point abandonnée aux caprices de l'interprétation individuelle, parce que les passions qui aveuglent l'esprit et qui corrompent le cœur, en eussent fait d'indignes et de criminels commentaires.

Il existe sur la terre un Pouvoir vivant, un Pouvoir suprême, divinement investi du droit d'interpréter cette loi et d'en donner le véritable sens à ceux dont elle doit régler les actes. Ce Pouvoir suprême réside dans la personne sacrée du Vicaire de Notre-Seigneur Jésus-Christ. Le successeur de saint Pierre, en vertu de ces paroles immortelles : « Tout ce que tu lieras sur « la terre sera lié dans les cieux ; tout ce que tu dé- « lieras sur la terre sera délié dans les cieux ; » a reçu du Fils de Dieu le gouvernement de la conscience chez les nations baptisées du baptême de Jésus-Christ. Tous les cas de conscience dans les choses morales ressor-tissent, en dernière analyse, au tribunal suprême de celui à qui il a été dit : « Pais mes brebis, pais mes « agneaux... Confirme tes frères.» *Pasce oves meas, pasce agnos meos... Confirma fratres tuos.*

Les Evêques institués par le Pontife suprême, et chargés par lui seul du gouvernement particulier des diocèses, ont le droit et le devoir de propager, de dé-fendre, d'interpréter la loi de l'Evangile, dans ses rapports avec la conscience de l'homme *privé* et de l'homme *public.*

Les Pasteurs du second ordre, dans chaque paroisse, veillent sur la conscience des fidèles, afin qu'ils fassent tout ce que cette loi prescrit, et qu'ils évitent tout ce qu'elle défend.

Le Pape dans tout l'univers, l'Evêque dans son dio-cèse, le Curé dans sa paroisse, sont, à des degrés divers et avec une autorité différente, les interprètes ou les défenseurs de la loi divine. Ils sont les régulateurs ou les directeurs de la conscience de tous les enfants de l'Eglise.

Ni le Pape dans l'univers catholique, ni l'Evêque dans son diocèse, ni le Curé dans sa paroisse, ne peuvent permettre que la loi de l'Evangile donnée au genre humain par le Fils de Dieu, cesse d'inspirer, de régler les déterminations de la conscience et les actes humains qui en sont l'expression et le fruit.

Ainsi la vérité religieuse, la vérité morale, la vérité sociale et la vérité politique, relèvent du pouvoir spirituel de l'Eglise de Jésus-Christ chez les sociétés chrétiennes.

Saint Paul déclare nettement que l'Eglise ayant reçu le pouvoir de juger les Anges, il serait absurde de lui refuser le pouvoir de juger les choses séculières. *Angelos judicabimus, quantò magis sæcularia?* (I. Cor. c. 6.)

« La puissance séculière, dit saint Thomas, est « soumise à la puissance spirituelle, comme le corps « à l'âme. Le prélat spirituel, en *intervenant* donc dans « les choses temporelles, en tant que la puissance sé- « culière relève de son pouvoir, ne commet pas un « acte d'usurpation. »

Potestas sæcularis subditur spirituali sicut corpus animæ, et ideò non est usurpatum judicium, si spiritualis prælatus se intermittat de temporalibus, quantùm ad ea in quibus subditur ei sæcularis potestas.

Saint Grégoire de Nazianze parlant au pouvoir temporel, lui disait : *Vos quoque imperio ac throno meo* lex Christi subjecit. *Imperium nos quoque gerimus, addo etiam, præstantiùs et perfectiùs; æquum enim carnem spiritui fasces submittere et terrena cœlestibus cedere.* (Orat. 17, n. xx.) Bellarmin, Suarez, Cornelius à Lapide, Fénélon, tous les théologiens catholiques enseignent la même doctrine. Bossuet a fait un livre sur la *Politique sacrée*; Fénélon a écrit un *Examen pour la conscience d'un Roi.* Saint Vincent de Paul était membre du conseil de conscience d'Anne d'Autriche. Ce grand

Saint y lisait des Mémoires sur des questions de haute politique.

Et sans examiner si l'Eglise n'a pas le droit de nous apprendre quelle est, entre les formes politiques des Etats, celle qui est la plus conforme aux lois constitutives de la famille, il est de toute évidence pour la conscience des catholiques, que l'Eglise ne saurait abandonner ses enfants aux inspirations de l'erreur et des passions, quand ils sont appelés à exercer, comme citoyens, des devoirs moraux qui intéressent grandement l'ordre social.

L'exercice du droit électoral dans une République, ou dans une autre forme de gouvernement, est sans contredit l'exercice d'un droit politique. Or, l'exercice de ce droit, est-il pleinement indépendant de la conscience et du pouvoir spirituel régulateur de la conscience?

Le citoyen français appelé dans les comices électoraux, pour nommer soit un député à l'Assemblée législative, soit un membre du conseil de département, soit un conseiller d'arrondissement, soit enfin un membre du conseil municipal, fait-il un acte de conscience, en déposant son vote dans l'urne électorale, ou n'a-t il à produire qu'une action pleinement indifférente, pleinement étrangère à toute moralité?

Tout électeur, fait un acte de conscience, en exerçant ce droit politique ; mais la loi de la conscience n'est pas la loi brutale de l'intérêt. Cette loi n'est autre, pour tout catholique français, appelé à l'exercice d'un droit politique, que la loi de l'Evangile. L'électeur catholique relève donc, en tant qu'électeur, du pouvoir spirituel divinement institué pour mesurer nos actions morales à la loi de l'Evangile.

Les membres de l'Assemblée nationale sont catholiques, en très-grande majorité. Or, leur est-il permis de voter une seule loi, sans tenir compte des injonctions ou des défenses de la conscience ?

Si un membre de l'Assemblée législative était venu poser cette question à Votre Grandeur, quelques jours avant le vote de la loi sur l'instruction publique :

« Puis-je, en conscience, Monseigneur, investir *d'une suprématie enseignante*, un Etat qui n'est d'aucune religion, qui ne croit et ne professe, comme Etat, aucune religion ? Puis-je autoriser l'Etat qui ne croit à rien, à fonder des écoles et des colléges, où seront appelés pêle-mêle des professeurs juifs, protestants, catholiques, panthéistes, éclectiques, sceptiques, etc. ? Puis-je autoriser, par mon vote, l'établissement de colléges mixtes ? Je le demande, Monseigneur, croiriez-vous avoir satisfait au devoir de votre charge pastorale, à l'égard de ce diocésain législateur, en lui répondant : « L'Eglise placée dans une sphère inaccessible à toutes les choses d'ici-bas, se contente de prier pour vous : votez comme bon vous semblera. »

Je suppose qu'un membre de l'Assemblée législative ou tout autre diocésain vienne vous demander si les théories de la souveraineté du peuple entendues dans le sens du protestantisme, de Jean-Jacques Rousseau ou de la Convention, sont conformes à l'enseignement de la théologie catholique ; vous suffirait-il, Monseigneur, de lui répondre : Que cette question étant du domaine de la politique, l'Archevêque de Paris et son Clergé n'ont point à intervenir dans une pareille affaire ?

A celui qui vous prierait de lui dire si les journaux qui prêchent chaque jour parmi nous, le droit d'insurrection, d'usurpation, de spoliation, de guerre civile, sont des journaux auxquels un catholique puisse s'abonner *en conscience*, vous contenteriez-vous de répondre : Comme ce sont là des choses qui touchent à la politique, ni moi, ni mon Clergé ne nous permettons de décider des cas de conscience de cette espèce.

A celui qui vous demanderait, Monseigneur, ce qu'il faut penser des théories socialistes et communistes étayées des arguments par lesquels les apôtres de ces doctrines s'efforcent de les faire pénétrer au sein des multitudes, vous contenteriez-vous de répondre que : Résolu à ne jamais descendre sur le terrain des luttes politiques, vous attendez, pour agir, que les communistes et les socialistes aient mis le feu aux quatre coins de la France ; que jusques-là vous priez Dieu d'avoir pitié de ceux qui croiraient de bonne foi, *que la propriété est un vol, et la communauté des biens une nécessité !*

Si on vous suppliait, Monseigneur, dans l'intérêt de l'ordre menacé par les feuilles incendiaires que la presse parisienne vomit sur la France et sur l'Europe, de frapper de vos censures et ceux qui écrivent ces proclamations de l'enfer, et ceux qui les lisent, vous suffirait-il de répondre que ces publications échappent à vos anathèmes parce qu'elles traitent des choses de la politique ?

Que répondriez-vous, Monseigneur, à celui qui soumettrait à votre autorité spirituelle ce cas de conscience : « Comme il est démontré pour moi, que le socialisme est la dernière forme de la démocratie, et que le dogme de la souveraineté du peuple entendu dans le sens révolutionnaire implique logiquement le socialisme ; ayant à exercer mes droits politiques d'électeur , ne suis-je pas obligé, en conscience, de donner mon suffrage à un catholique sincère , partisan avoué de la monarchie héréditaire , dont Henri V est le représentant, de préférence à un démocrate, quelque honnête homme que je le suppose ? »

Que diriez-vous, Monseigneur , à un catholique du diocèse de Paris qui vous demanderait une solution à un doute de conscience ainsi formulé ?

Il me paraît évident, que le silence, que le scepticisme politique recommandés par Votre Grandeur, au Clergé de Paris, auraient pour résultat inévitable de laisser le champ des discussions politiques pleinement libre aux démocrates de toute nuance et de toute date. Ces hommes d'anarchie, devenus maîtres du suffrage des électeurs, s'empareront des élections, avec d'autant plus de facilité, que la conscience des fidèles manquerait totalement de direction en cette matière... Je me suis donc permis de penser et de dire, que la Lettre pastorale de Mgr l'Archevêque de Paris, n'était qu'un breuvage assoupissant pour endormir les bergers et les chiens qui sont chargés de crier au loup, quand la bergerie est envahie par les bêtes féroces. J'ai dit que la règle de conduite tracée au Clergé parisien, n'était qu'une prime d'encouragement donnée aux démocrates qui poussent la France sur l'écueil inévitable du socialisme. Je viens donc demander à Votre Grandeur, si, en me faisant une pareille idée de sa Lettre pastorale, j'ai trahi les devoirs de ma conscience, et mal saisi les conséquences pratiques des doctrines consignées dans son Mandement ?

Le socialisme et le communisme, fruits du rationalisme et des principes démocratiques proclamés en 89, ne sont que l'athéisme appliqué à la politique des Etats. L'Etat, d'après les théories modernes, est athée et doit l'être. Or, un Etat légalement constitué dans l'athéisme politique, n'est d'aucune religion ; regarde toutes les religions comme également vraies ou également fausses. Un Etat politiquement athée n'emprunte rien, absolument rien à la loi révélée. Affranchi de toute influence de la loi divine, un Etat athée sécularise la naissance, le mariage, la vie et la mort de ceux sur qui pèse sa domination. Un Etat athée tend nécessairement, fatalement à précipiter la nation qui lui est livrée à une indifférence absolue en matière de religion. Un Etat athée se gouverne par des athées, fait des athées, règne par la force, par la ruse, par le brigandage politique, administratif, et ne tient aucun compte des lois sacrées de la morale et de la conscience. Or je demande, Monseigneur, si un Prêtre, si un Prédicateur, si un écrivain catholique, peuvent souffrir que des doctrines, dont les dernières conséquences mènent une nation aux abîmes sanglants de l'état sauvage et finiront par mouler toutes les âmes à l'effigie de l'athéisme, soient prêchées, propagées, répandues par tous les canaux de la publicité, sans que les bouillonnements d'un saint zèle ne mettent ce Prêtre, ce Prédicateur, cet écrivain dans la nécessité de combattre de pareils enseignements?

La politique des Etats révolutionnaires de ce temps n'est, à le bien prendre, qu'une insurrection permanente contre toutes les lois de la morale évangélique. Le spectre hideux de l'indifférence, la loi brutale de la force, l'oppression de la conscience, le mépris des droits les plus sacrés, le communisme des âmes, voilà ce qui constitue la plupart des États modernes. Les générations naissent, croissent, vivent et meurent infectées de toutes les erreurs et de tous les vices, et vous ne voulez pas, Monseigneur, que le Prêtre, embouchant la trompette de l'apostolat, fasse retentir du haut de la tribune sainte ces paroles de salut : *Et nunc reges, intelligite, erudimini, qui judicatis terram?* Vous voulez que le Prêtre, pieusement enveloppé dans les plis de son manteau, laisse les peuples et les gouvernements se déchirer et se détruire sur les ruines de l'ordre et sur le cadavre palpitant de la société?

Les États constitués dans l'athéisme présentent à l'observateur épouvanté une image fidèle de cette région de ténèbres et de misère dont parle Job, d'où l'ordre est banni, et où règne une irrémédiable anarchie : *Terram miseriæ et tenebrarum, ubi nullus ordo, sed sempiternus horror inhabitat.*

L'ordre matériel croule parce que l'ordre moral n'existe plus dans la conscience, dans les institutions, dans les lois, dans les mœurs, dans les hommes et dans les choses. L'athéisme des États révolutionnaires ne peut enfanter que des assassins et des victimes ; et c'est quand toute notion d'ordre, de justice, de foi, de moralité, de charité et de vertu, a disparu, que le Prêtre devra demeurer étranger aux affaires de ce monde? Les Attila de la civilisation montent à l'assaut des remparts ébranlés d'une société expirante, et le Pontife laissera dormir dans son fourreau le glaive des saints combats? Le sommeil, le silence et la peur seront les seuls obstacles que le Clergé opposera aux rugissements de l'impiété et aux flots de la tempête qui monte et qui menace d'emporter les derniers débris de l'édifice. Et tandis que, par les conséquences fatales d'une telle conduite, on tendra une main protectrice et amie aux écrivains, aux journaux, aux hommes politiques qui prêchent la démocratie, mère du socialisme, les plaintes, les menaces, les colères, les foudres spirituelles seront pour les écrivains catholiques qui bravent, au péril de leur repos, de leur santé, de leur vie même, les vengeances et les haines des enfants de la révolte et de l'impiété.

Résumons ce qui précède :

L'ordre matériel a son principe créateur et conservateur dans l'ordre moral. L'ordre moral a sa racine dans la révélation. La loi divine est la règle et la mesure des déterminations de la conscience et des actes humains. Mais point d'ordre moral possible sans un lien qui unisse les esprits. Point de lien capable d'unir les esprits sans un symbole commun imposé à la conscience par une autorité divine, infaillible. Les dogmes forment le lien des esprits. Or, l'Eglise catholique, apostolique, romaine seule, sur la terre, maintient dans la conscience de tous les fidèles l'unité des mêmes dogmes, de la même loi morale, du même culte et des mêmes sacrements. Sortez de là, vous n'avez d'autre élément créateur et conservateur de l'ordre moral que le rationalisme protestant, déiste, philosophique, éclectique, panthéiste, socialiste et communiste. Mais le rationalisme, envisagé sous toutes ses formes, ne fondera jamais que l'anarchie, et l'anarchie dans les esprits ne peut amener que l'anarchie dans les faits. Point donc d'ordre moral et matériel hors de l'Eglise. Point donc de salut pour les sociétés hors de l'Eglise catholique.

Luther, Calvin et Henri VIII, Voltaire et Rousseau, Robespierre et Marat, Fourrier et Saint-Simon, Cousin et Lamennais, Ledru-Rollin et Mazzini, Pierre Leroux et Considérant, Proudhon et Blanqui, sont les pères de l'anarchie, les prêtres et les apôtres d'un symbole qui se traduit nécessairement, dans l'ordre matériel, par le vol et l'assassinat, le brigandage et la révolte, le sang et les ruines, le carnage et la mort. Le Pape, les Evêques, les Prêtres, sont les apôtres et les pères de la vérité, de l'ordre et de la charité, de la paix, de la vie et du salut, pour les sociétés modernes. L'Eglise, en un mot, a créé l'ordre moral chez les peuples civilisés. L'ordre matériel ne se maintient qu'à l'aide des principes et de la vie qu'il tire de l'ordre moral. Or, les questions politiques tiennent à l'ordre moral, comme la vie du corps tient à la vie de l'âme et à son action sur les organes. Il appartient donc à l'Eglise *d'intervenir* dans les questions politiques, en tant qu'elles touchent à l'ordre moral et aux éléments qui le constituent. Le côté moral *de toute question politique*, tombe donc *nécessairement* sous le jugement de l'Eglise.

Les prophètes de l'anarchie sont forcés de nous dire qu'il faut choisir entre le socialisme et la monarchie héréditaire des fils de saint Louis. Je dis à mon tour que les nations modernes ont à choisir entre le catholicisme et l'état sauvage. Ou les nations modernes feront rentrer la loi divine de l'Evangile dans leurs constitutions, dans leurs lois, dans leurs arts, dans leurs mœurs, dans le pouvoir, dans l'obéissance et dans la liberté, ou elles descendront dans les cavernes de l'état sauvage.

La croix ou la guillotine, voilà les deux signes au pied-desquels les peuples seront forcés de courber les genoux. C'est à eux de choisir leur bannière, leur signe civilisateur, le symbole de leur délivrance. La croix leur présente la vie, la charité, l'esprit de sacrifice, la paix. La guillotine leur promet l'enfer des fureurs sanglantes et des déchirements sans fin de la démocratie.

Le Pontife et le Prêtre proclameront la *politique de l'Evangile*, et les peuples, après avoir inutilement préconisé les *droits de l'homme*, qui ne sont que les droits de la barbarie, comprendront enfin, que leurs maux ne peuvent être guéris que par la *proclamation des droits de Dieu.*

Je suis, avec un profond respect,

Monseigneur,

Votre très-humble et très-obéissant serviteur,

l'abbé **COMBALOT**,
Miss. Ap.

P. S. On nous communique, à l'instant, deux pièces dont Mgr l'Archevêque de Paris ne déclinera pas l'au-

torité. Ce sont les Circulaires de Mgr l'évêque de Digne,
en date du 15 et du 21 mars 1848. Nous y lisons :

« Quoique placés habituellement, par la nature de nos
« fonctions, en dehors du mouvement politique, nous
« ne cessons pas cependant d'être citoyens ; et c'est
« une *obligation sacrée* pour nous, dans les circonstances
« comme celles où nous sommes, d'en revendiquer
« les droits et *d'en accomplir les devoirs*, surtout quand
« il s'agit des plus grands intérêts de la Religion aussi
« bien que de la patrie. Nous ne saurions donc rester
« *indifférents* et *inactifs*. Nous *devons*, non-seulement
« prendre part aux élections, mais encore *éclairer* l'opi-
« nion publique sur les suites que ces élections peuvent
« avoir pour la France et pour l'Eglise. »

« Que l'on sache bien, disait-il, que dans les cir-
« constances solennelles où se trouve la France, *il*
« *n'est permis à personne d'abdiquer ses droits de citoyen.*
« *Il y a devoir de conscience, devant Dieu et devant les*
« *hommes*, de répondre à l'appel du Gouvernement, et
« de donner son suffrage aux candidats qu'on croira
« les plus dignes. »

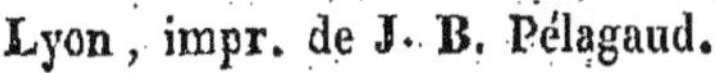

Lyon, impr. de J. B. Pélagaud.